PANÉGYRIQUE

DE

SAINT CLAUDE

Prononcé le 6 juin 1888

DANS L'ÉGLISE CATHÉDRALE DE SAINT-CLAUDE

PAR M. L'ABBÉ BOULLIER

Archiprêtre de la Cathédrale

BOURG

IMPRIMERIE VILLEFRANCHE

—

1888

PANÉGYRIQUE

DE

SAINT CLAUDE

Prononcé le 6 juin 1888

DANS L'ÉGLISE CATHÉDRALE DE SAINT-CLAUDE

Par M. l'Abbé BOULLIER

Archiprêtre de la Cathédrale

BOURG

IMPRIMERIE VILLEFRANCHE

—

1888

PANÉGYRIQUE DE SAINT CLAUDE

Prononcé le 6 juin 1888

DANS L'ÉGLISE CATHÉDRALE DE St-CLAUDE

Par M. l'Abbé BOULLIER

ARCHIPRÊTRE DE LA CATHÉDRALE

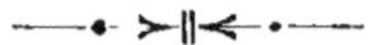

> *Oportuit Christum pati et ita intrare in gloriam suam.*
>
> Il a fallu que le Christ souffrît et qu'ainsi il entrât dans sa gloire.
>
> (En s int Luc, C. 24, v. 26)

MONSEIGNEUR, MES FRÈRES,

En venant faire l'éloge de saint Claude, j'entreprends une tâche à la fois bien difficile et bien douce : difficile, parce que ce sujet a déjà été traité bien des fois devant vous, infiniment mieux que je ne saurais le faire moi-même : bien douce, parce que c'est un devoir de piété filiale que je viens remplir envers Celui qui est, du haut du Ciel, le père du pasteur et du troupeau.

Daigne le Seigneur bénir mes efforts : daigne saint Claude m'aider à retracer sa vie, à l'édification et à la satisfaction de tous : à la satisfaction, en particulier, de l'Évêque aimé et digne de l'être qui préside cette fête, des vénérables membres de son Chapitre et du pieux Clergé qui l'entoure.

Depuis quelque temps, je n'ai pensé pour ainsi dire qu'à la vie de saint Claude. Je l'ai méditée et contemplée avec les sentiments de respect qu'inspire une grande vision : « *grandis enim visio hæc.* »

Qu'est-ce que j'ai vu ? Qu'est-ce qui m'a frappé ?

En un mot, ce que j'ai vu, ce qui m'a frappé, c'est Notre-Seigneur Jésus-Christ vivant dans saint Claude.

« *Oportuit Christum pati et ita intrare in gloriam*
« *suam*. Il a fallu que le Christ souffrit et qu'ainsi il
« entrât dans sa gloire. »

J'ai vu saint Claude, par son esprit de renoncement,
d'abnégation et de sacrifice, se revêtir en quelque sorte
des souffrances de Jésus crucifié ; puis, après sa mort, je
l'ai vu entrer dans la gloire de Jésus ressuscité, non pas
seulement cette gloire essentielle qui est le Paradis,
mais encore cette gloire accidentelle, dont Dieu se plait
quelquefois à honorer, ici-bas, la mémoire de ses élus.

En d'autres termes, saint Claude a porté en lui la ressemblance de Jésus crucifié ; et Dieu a mis en lui les
splendeurs de Jésus ressuscité : Telles sont les deux
pensées qui vont faire l'objet de votre bienveillante
attention.

I

Saint Claude a porté en lui la ressemblance de Jésus
crucifié. Un rapide coup d'œil sur sa vie suffira pour
vous en convaincre. Je passe sous silence la noblesse de
son origine, la haute position que son père occupait à la
Cour de Bourgogne, les pieuses années de son adoles-
cence qui furent cultivées avec le plus grand soin. Le
voilà à l'âge le plus critique de la vie ; il a vingt ans.
Suivant les expressions du plus ancien de ses historiens,
il est intelligent, il est grand, il est beau, il est noble ; tout
en lui respire la distinction... *Formâ decorus, vultu ange-*
licus, moribus ornatus, sensu profundus... Déjà même, il
a fait avec succès ses premiers pas dans la carrière des
armes...

Que va-t-il devenir ?... Doutez-vous que le démon,
ennemi de tout bien, n'eût essayé auprès de lui, de cette
tentation qu'il avait osé se permettre vis-à-vis Notre-
Seigneur lui-même, et que, faisant briller à ses yeux les
choses d'ici-bas, il ne lui eût dit : « Vois, jeune homme,
vois ces titres que portent les grands de la terre, ces
palais qu'ils habitent, ces honneurs qui les entourent,
ces richesses dont ils disposent, ces plaisirs qui viennent
en foule au devant d'eux... Je te donnerai tout cela si tu

tombes à mes genoux pour m'adorer. » « *Hæc omnia tibi dabo, si cadens adoraveris me ?* »

Tentation terrible à laquelle succombent tant de jeunes gens, parce qu'ils n'ont pas le coup d'œil assez sûr pour percer à jour la futilité de nos biens, ni le cœur assez ferme pour résister à l'attrait du plaisir... En réponse à cette tentation, notre jeune soldat dépose son uniforme militaire, et, faisant à Dieu le sacrifice des grandeurs et jouissances humaines, il vient demander humblement à l'archevêque de Besançon, une place parmi les clercs de sa Cathédrale. Le voilà membre de l'illustre clergé de Besançon, animé d'un seul désir : faire vivre en lui Jésus-Crucifié.

Venu comme disciple, il est bientôt jugé capable d'enseigner les autres. Que les hommes admirent l'étendue de sa science, la profondeur de son jugement, la beauté de son élocution, qu'ils le proclament sans égal et le modèle des docteurs, ces éloges affligent, mais n'entament en aucune sorte son humilité, pas plus qu'ils n'affaiblissent en lui l'esprit d'abnégation et de sacrifice auquel il a voué sa vie... Lui, qui a été élevé dans la délicatesse et l'abondance, il ne vit désormais que d'austérité et de pénitence, jeûne tous les jours, passe de longues veilles, quelquefois même des nuits entières en prière, et dompte ses sens par la mortification la plus sévère.

Il y avait déjà douze ans que notre Saint répandait ainsi autour de lui la bonne odeur de Jésus-Christ, quand survint un événement qui allait avoir pour lui de graves conséquences, la mort de l'archevêque de Besançon.

En effet, aux murmures flatteurs qui montent de tous côtés à ses oreilles, saint Claude ne tarde pas à s'apercevoir qu'il est question de lui pour succéder au pontife défunt. Cette pensée l'épouvante. Voulant détourner l'attention, il s'échappe sans bruit de Besançon, et vient se cacher, pour quelques temps, dans sa propre famille, à Salins.

Ce n'est pas assurément qu'il n'estime l'Épiscopat. Il le regarde au contraire, comme la grande carrière du dévouement. Mais parce que l'Épiscopat est la royauté sacerdotale, la dignité qui l'emporte sur toutes les autres et commande le respect, cet homme qui n'aspire qu'à vivre caché en Dieu s'enfuit seul dans les montagnes qui l'ont vu naître, *Fugit ipse solus in montes* » : vrai disciple de Celui qui s'était dérobé par la fuite, quand les peuples voulaient le proclamer roi.

M. T. C. F., souvent l'honneur poursuit celui qui le fuit, comme il fuit celui qui le poursuit. Saint Claude a beau se cacher, Dieu l'appellera au gouvernement de cette antique Église de Besançon, comme il avait appelé trois siècles auparavant saint Ambroise au gouvernement de l'Église de Milan.

Un jour, raconte son biographe, tandis que le clergé et les fidèles étaient en prière à la cathédrale, tout à coup une voix retentit du haut du ciel, recommandant à l'assemblée de choisir pour Evêque le bienheureux Claude : « *Orantibus illis, vox de cœlo intonuit ut Claudium eligerent.* »

Transportés de joie, les fidèles et le clergé acclament à l'envi saint Claude. On l'envoie chercher à Salins, on le ramène, à son corps défendant. Il est sacré au milieu des démonstrations de la plus vive allégresse...

Le voilà Evêque ! et quel Evêque !

Vous parlerai-je de ses travaux ? Il instruisait son peuple avec tant de doctrine et d'onction, que plus on l'entendait, plus on voulait l'entendre ; il visitait souvent son vaste diocèse, qui comprenait alors toute l'ancienne Séquanie, comme le bon pasteur courant après la brebis égarée, réformant partout les abus, exerçant partout les œuvres de zèle et de charité et travaillant avec une ardeur infatigable à la conversion des pécheurs.

Mais non, je ne veux pas m'étendre sur le gouvernement pastoral de ce grand évêque, ce que je veux vous faire remarquer, c'est que la charge épiscopale lui pèse, non pas parce qu'elle est une charge, mais parce qu'elle est entourée d'honneurs ; elle l'était surtout à cette époque, où, par la force des choses, l'Evêque était le défenseur du droit, le protecteur du faible, le père du peuple et le médiateur souvent invoqué entre les petits et les grands, entre les grands eux-mêmes.

Cet éclat souverain plaît à notre Saint. Comme le Fils de Dieu, il tend toujours à descendre, à se renoncer, à s'anéantir : « *Exinanivit semetipsum.* »

Aussi, après sept ans d'épiscopat, il dépose les insignes de sa dignité, dit adieu à sa ville épiscopale et, malgré les larmes, malgré la résistance de son peuple, il vient en ces lieux, demander un asile au monastère de saint Oyant.

Venez donc, Saint Pontife, venez dans ces montagnes qu'ont déjà sanctifiées les saint Romain, les saint Lupicin, les saint Oyant : par vous, Condat va renaître de nouveau. De Besançon, de Lyon, de Langres, de toutes parts, d'innombrables disciples viendront apprendre de vous la vigueur du dévouement, l'énergie du sacrifice et l'amour de Jésus crucifié.

Vous êtes peut-être étonnés de ce que je ne fais dater l'arrivée de notre Saint au monastère de saint Oyant que de la fin de son Épiscopat. Je m'en suis rapporté sur ce point au remarquable travail du nouvel historien de l'abbaye de St-Claude. — Quoi qu'il en soit de cette différence chronologique qui, dans le fond, ne modifie en rien l'ensemble des faits, en une fois ou deux fois, peu importe, saint Claude a vécu en ces lieux soixante ans. Et pendant ces soixante ans, qu'a-t-il fait ?

Le temps ne me permet pas de m'arrêter à ses travaux extérieurs. L'agrandissement de son monastère, ses voyages à la cour de Chilpéric et de Clovis II, pour revendiquer les droits de son abbaye, cette école de Condat qui était avec Luxeuil le principal foyer intellectuel de cette époque, cette région montagneuse, qu'un ancien historien appelle un lieu d'horreur et de vaste solitude : *locum horroris et vastæ solitudinis*, transformée par ses soins, peuplée de colons et d'habitations qui sont devenus votre intelligente et industrielle cité : si grands que soient ces travaux, nous avons quelque chose de plus beau et de plus grand à admirer dans notre saint, c'est sa vie intérieure, sa vie intime.

La vraie grandeur d'un homme n'est pas au dehors, mais au dedans de lui-même. « Tant vaut la vie de l'âme, disait Montaigne tant vaut l'homme tout entier. » C'est si vrai qu'on peut faire beaucoup d'actions d'éclat et n'être au fond qu'un misérable.

Quelle a donc été la vie intime de saint Claude, pendant les longues années qu'il a passées en ces lieux?

Elle n'a été qu'un renoncement absolu. Elle a été la vie d'un homme qui n'existe que pour Jésus, qui se dépouille de tout pour Jésus, qui s'immole constamment pour Jésus, qui s'attache à la croix de Jésus, s'enveloppe dans son linceul, s'ensevelit dans son tombeau.

Oh! la belle immolation, s'écrie Bossuet, que celle qui embrasse tout et dure toute la vie.

Celle de saint Claude a tout embrassé, jusqu'à la dernière pensée de son esprit, jusqu'à la dernière fibre de son cœur. — Elle a duré toute sa vie. — Comme David, il pouvait dire au Seigneur : « Du plus loin que je me souvienne, vous êtes mon Dieu. » *A juventute meâ, Deus meus es.* « Je n'ai jamais aimé que vous, je n'aimerai jamais que vous seul. »

Qui nous dira les ascensions de cette grande âme vers Dieu, et d'autre part les complaisances de Dieu pour cette âme à laquelle il se donne tout entier parce qu'elle s'est donnée à lui sans réserve, qu'il favorise et enrichit de tous ses dons, et conduit par les voies les plus merveilleuses à la plus sublime perfection?

C'est le propre de la sainteté d'enfanter des Saints. Ai-je besoin d'ajouter que les Saints florissaient autour de notre glorieux patron? « Les saint Vandrille, les saint Gand, les saint Rustique, les Marin, les Hippolyte, les Aufrète ont laissé, grâce à lui, une mémoire bénie, des noms canonisés et des cendres honorées par la vénération publique. »

Cependant saint Claude touche au terme de sa carrière. Sentant sa fin approcher, il se fait transporter à l'église, y reçoit les derniers sacrements, fait ses derniers adieux à ses religieux qui fondaient en larmes... Puis, rentré dans sa cellule, il s'assied, pour y attendre la mort, dans la stalle où il a coutume de prier.

N'ayez pas peur, la mort ne le fera pas même sourciller. Il y a longtemps qu'il s'est familiarisé avec elle. « Les jeûnes et la pénitence. dit Tertullien, la lui ont fait voir de près. « *Sæpe jejunans mortem de proximo novit.* »

Qu'elle vienne à présent, il lui abandonne de bon cœur les restes de son corps en lui disant, le sourire aux lèvres : « Approche, tu ne m'enlèveras rien de ce que j'aime. Il y a longtemps que je me dépouille de ce que tu veux prendre : tu ne détruis pas ce que je suis, tu achèves ce que je fais. »

C'était l'heure où le divin Sauveur des hommes expirait sur la Croix : saint Claude ayant levé les yeux et les mains au ciel, s'endormit doucement dans le Seigneur : « *Obdormivit in Domino.* »

M. T. C. F. C'est une grande et profonde vérité que l'auteur de l'*Imitation* exprime en ces termes : « *In cruce vita, in cruce salus.* » Il n'y a de vie, il n'y a de salut que par la souffrance. »

En général, il ne se fait rien de bien chez les hommes que ce qui se fait par la souffrance... Tout ce qui dure s'est fondé par la souffrance ; tout ce qui est fort, s'est fortifié par la souffrance ; tout ce qui est parfait, s'est perfectionné par la souffrance ; tout ce qui est grand, a grandi par la souffrance et tout ce qui est saint, s'est sanctifié par la souffrance.

Aussi, si nous ne sommes pas capables de souffrir avec Notre-Seigneur, de porter avec lui notre Croix, nous ne serons jamais aptes au royaume des Cieux. Si, au contraire, nous avons le courage de souffrir avec Jésus, de porter avec lui notre Croix, non-seulement nous règnerons un jour avec lui, mais nous serons d'autant plus élevés dans le Ciel que nous aurons plus souffert sur la terre.

Quelle n'a donc pas été la sainteté de saint Claude ? quels ne doivent pas être à présent sa gloire et son crédit auprès de Dieu, puisque, comme nous l'avons vu, sa vie n'a été qu'une immolation continuelle, un renoncement universel, un parfait sacrifice de toutes les choses créées !

Saint Claude s'est associé en héros aux souffrances de Jésus crucifié. — De son côté, Notre-Seigneur l'a associé en triomphateur magnifique à la gloire de sa résurrection.

C'est de cette participation de saint Claude à la gloire

de Jésus ressuscité, non pas seulement à sa gloire éter-
nelle, mais encore à sa gloire temporelle, la seule que
j'ai en vue, qu'il me reste à vous entretenir....

II

Il a été dit du Christ que son sépulcre serait glorieux :
« *Sepulcrum ejus erit gloriosum...* Ne peut-on pas dire
aussi de saint Claude que son sépulcre a été glorieux ?

De quel éclat, en effet, le tombeau de saint Claude,
n'a-t-il pas brillé à travers les siècles, de quel respect et
de quels honneurs n'a-t-il pas été entouré ! Tandis que
rien ne résiste aux inévitables destructions du temps, le
temps a gardé avec un soin jaloux la sépulture de l'hum-
ble moine du Jura et l'a couvert de gloire..

Le corps de Notre-Seigneur n'a pas connu la corruption
du tombeau... Celui de saint Claude ne devait pas la con-
naître davantage.

Il y avait déjà cinq cents ans que notre Saint dormait
le sommeil des justes, quand un pieux abbé de Condat,
Aymon, eut la pensée de faire ouvrir son tombeau, à
l'occasion de travaux qu'il faisait exécuter à l'église. Quel
ne fut pas l'étonnement de ce religieux, en voyant le
corps de notre Saint intact, entier, n'exhalant d'autre
odeur que l'odeur de la sainteté, d'autres parfums que les
parfums d'une conservation cinq fois séculaires !...

Ce merveilleux prodige ne s'arrête pas là. Retiré de
son tombeau, et placé sur l'autel, saint Claude y demeure
dans un état de conservation parfaite, pendant sept cents
ans. Il y serait encore, tels que vos pères l'ont vénéré,
sans un exécrable attentat, que mes lèvres se refusent à
raconter et qui, dans une nuit d'épouvante, livra aux
flammes ce corps consacré par les respects de douze
siècles.

Le crime avait été grand, le châtiment fut terrible. En
un jour néfaste, la ville entière périt à son tour dans les
flammes. Quelques heures suffirent et, de ce qui avait
été une cité florissante et populeuse, il ne restait plus que
des cendres fumantes et des murs calcinés...

Consolons-nous, puisqu'il nous reste miraculeusement le bras de saint Claude pour nous bénir et passons vite à un autre trait de ressemblance de notre Saint avec le Divin Ressuscité.

La puissance de Notre-Seigneur Jésus-Christ a éclaté surtout après sa mort.

Après la mort de saint Claude, d'innombrables miracles s'opèrent à son tombeau.

Vous pourrez en juger par les deux traits suivants :

Voyez-vous cet homme qui, du pied des Alpes, s'achemine vers vos montagnes ; c'est saint Pierre, archevêque de Tarentaise. Conduit par sa piété, il vient à St-Claude, y séjourne plus de deux mois, et, pendant ce temps-là, il opère tant de miracles par l'intercession de saint Claude que, de toutes parts, on voit accourir des multitudes incroyables de malades.

Mais comment présenter tous ces malades au Saint Archevêque ?

Un écrivain de l'époque, Godefroy, raconte qu'entre le sanctuaire où se tient le Saint Archevêque et les fidèles qui remplissent tout le reste de l'église, on élève une plate-forme sur laquelle on monte d'un côté par des escaliers, d'où l'on descend de l'autre côté par d'autres escaliers. Or, pendant des semaines et chaque jour, c'est, sur cette plate-forme, un défilé perpétuel de pèlerins amenant des malades... Pendant des semaines et chaque jour, c'est une série ininterrompue de guérisons miraculeuses... Au nom de saint Claude et sous la main bénissante de saint Pierre de Tarentaise, toutes les infirmités et maladies humaines disparaissent, montrant jusqu'à quel point Dieu prend plaisir quelquefois à glorifier ses Saints.

Dix ans après, pour se procurer les ressources nécessaires à la restauration de leur monastère, les moines de Condat prirent la détermination de parcourir la province en emportant sur leurs épaules le corps de notre Bienheureux.

A peine le voyage est-il commencé que tout s'ébranle aux approches de ce corps incorruptible, les populations des villes comme celles des campagnes.

Ce n'est plus un voyage, mais une marche triomphale une vraie procession de miracles.

A Lons-le-Saunier, un paralytique recouvre la santé. A Poligny, un aveugle recouvre la vue. A Arbois, où le corps séjourne longtemps dans l'église du prieuré de Saint-Just, les boiteux marchent, les aveugles voient, les morts ressuscitent... Jour et nuit, les pèlerins assiègent cette église de St-Just où reçut la Consécration épiscopale celui qui devait être évêque de St-Claude, après avoir consacré à St-Claude les premières années de sa vie sacerdotale. Heureux présage d'un épiscopat qui a déjà été fécond et qui, nous l'espérons, le sera longtemps encore, sous de tels auspices.

Vous raconter tous les miracles qui se sont opérés dans cette église favorisée d'Arbois, je ne le puis pas. — C'est une femme de Grozon, paralysée, et qui, à peine arrivée près de la châsse de notre Saint, recouvre l'usage de ses membres. C'est un homme de St-Aubin, guéri d'une folie furieuse au moment où, conduit vers notre thaumaturge, il aperçoit de loin le clocher de l'église qui renferme les saintes reliques. C'est un homme d'Annoire, perclus de tous ses membres inférieurs, qui se met en route pour Arbois, en avançant, le pauvre homme, à l'aide de ses mains et de ses pieds, et qui revient chez lui à pieds, parfaitement guéri et bénissant de tout son cœur Celui que la reconnaissance publique proclame déjà le faiseur de miracles : « *patrator miraculorum.* » C'est un enfant des environs de Lons-le-Saunier, c'est un homme du canton de Clairvaux, qui revient des portes de la mort, en baisant les saintes reliques.

Je regrette de ne pouvoir suivre notre Saint dans son voyage à travers la province et dans son retour à St-Claude par St-Amour, Bourg, les Dombes et le Bugey, opérant partout des miracles qui sont autant de bienfaits. Mais lisez ces récits si naïfs et si circonstanciés des contemporains, je défie, n'importe quel incrédule, de n'être pas touché par le parfum de vérité qu'ils respirent.

Enfin, Notre-Seigneur a prédit de lui-même qu'une fois élevé de terre, il attirerait tout à lui : « *Cùm exaltatus fuero a terrà, omnia traham ad meipsum.* »

Du haut de son autel, saint Claude n'a-t-il pas attiré à lui d'innombrables pèlerins ? « *Ossa illius visitata sunt.* »

Il en est venu de tous les points de la France. Il en est venu de la Suisse, de la Savoie, de l'Italie, de l'Espagne, des Pays-Bas... Chaque année en amenait de quinze à vingt mille, parmi lesquels on distinguait toujours, par leur esprit de foi, les pèlerins de la Picardie, où, suivant un dicton bien connu « il n'y avait fils de bon père et de bonne mère qui ne voulût voir Monseigneur saint Claude. »

Ce ne sont pas seulement les simples fidèles, mais les princes et les rois qui viennent en pèlerinage à St-Claude.

On y voit à plusieurs reprises Philippe-le-Hardi ; Philippe-le-Bon y vint accompagné de Louis, duc de Savoie. Charles-le-Téméraire arrive à son tour dans la ville sainte et laisse en se retirant une superbe offrande de douze cents livres. Louis XI, revenu des portes du tombeau, après avoir été voué à saint Claude, voulut venir remercier lui-même son sauveur. Parti de Tours avec huit cents lances, il arrive à St-Claude, y donne de grands témoignages de dévotion et fait d'immenses libéralités qui ne contribuèrent pas peu à l'agrandissement de la ville. Anne de Bretagne, épouse de Louis XII, vient remercier notre Saint d'avoir obtenu par son intercession une fille à laquelle elle donna par reconnaissance le nom de Claudia. C'est en s'en retournant que cette pieuse reine de France tint sur les fonts du Baptême, à Lons-le-Saunier, Claude de Châlons, frère de cet illustre Philibert de Châlons, duc de Luxembourg, prince d'Orange, vice-roi d'Italie, qui fut tué près de Florence à l'âge de 28 ans, après avoir passé pour le premier capitaine de son temps. Rien ne donne une idée de la pompe de ses funérailles qui eurent lieu à Lons-le-Saunier. Hélas ! la gloire du héros a passé comme passe la gloire de ce monde : « *sic transit gloria mundi,* » tandis que celle de notre Saint demeure, comme demeure la gloire que Dieu donne à ses élus.

Les Saints, comme les princes, comme les rois, se distinguent parmi les pèlerins de St-Claude.

Nous avons déjà vu saint Pierre de Tarentaise ; saint François de Sales y vient plusieurs fois, une fois entre autres avec quatre cents pénitents de la Croix.

C'est au tombeau de saint Claude que le grand évêque de Genève donne à sainte Jeanne de Chantal ce rendez-vous fameux qui décida de la vocation de cette sainte et de l'institution si célèbre de la Visitation. D'après les desseins de la Providence, « c'était par la porte de saint Claude que sainte Jeanne de Chantal devait entrer dans « sa mission de fondatrice. »

Enfin, au siècle dernier, n'a-t-on pas vu prier humble-ment devant la châsse de notre glorieux patron, saint Benoit-Joseph Labre, le grand pèlerin et le grand péni-tent de la France du dix-huitième siècle, infestée par l'hérésie janséniste et l'impiété voltairienne ?...

Que de choses il me resterait à vous dire si le temps me le permettait !... Et ces tentatives des Calvinistes Bernois qui avaient juré d'enlever le corps de saint Claude et d'implanter le Calvinisme parmi nous !... Et ces Confréries établies en l'honneur de saint Claude à Besançon, à Autun, à Paris, dans la Vendée, la Picardie et toute la Bourgogne !... Et cette église de St-Claude-des-Bourguignons élevée à Rome au xviie siècle, en sou-venir de la patrie absente, par nos compatriotes exilés !... Puis, toutes ces églises placées sous son vocable dans toute la France !...

Mais il est temps de finir, et, en finissant, c'est vers toi que je veux me tourner, chère cité de St-Claude !... En parlant de ton Saint patron, je n'ai parlé que de toi ! Sa vie est ta glorieuse histoire. « *Gloriosa dicta sunt de te.* » Que de noms illustres se sont associés à ton nom ! Que de foules pieuses ont inondé ton territoire ! Que de nobles vertus ont germé dans le cœur de tes enfants !

Pourquoi faut-il, après cette vision du passé, revenir aux tristes réalités du présent !... Ah ! St-Claude, laisse-moi jeter ce cri de regret qui ne s'échappe que d'un cœur ami et tout dévoué pour toi... le cri attristé du poëte latin : « *Quantum mutatus ab illo. Ah !* que tu es changée ! » — Qu'est-ce donc qui a pu te dépouiller ainsi de l'héritage sacré de tes pères, l'héritage de leur foi et de leur piété ?... Toi, qui embrassais les autels et portais d'une main si vaillante le drapeau du Christ... on t'a vu prosternée devant l'idole de l'impiété !... Tes mains lui ont tressé des couronnes!... Toi, qui faisais tes délices des cantiques et des fêtes de Sion, tu ne connais plus le chemin qui mène au temple du Seigneur : « *Viæ tuæ lugent, eo quod non sint qui veniant ad solemnitates.* » Ton cœur appesanti s'est collé à cette terre de boue que foulent nos pieds. « *Adhæsit in terra venter noster...* » Il s'est rempli de ces vains désirs, de ces vaines passions, de ces multiples convoitises « *quæ mergunt in interitum et in perditionem* », qui plongent les âmes dans l'abîme de la damnation.

Ah! St-Claude! Noble patrie des Saints!... Souviens-toi de ton passé, souviens-toi de tes religieux ancêtres, souviens-toi de saint Romain, de saint Lupicin, de saint Oyant, de saint Claude, tes plus illustres citoyens, et reviens à ces jours heureux où le Seigneur était la paix de ton âme et le repos de ton cœur; *revertere ad Dominum Deum tuum.*

Et vous, glorieux patron de ce Diocèse que vous avez visité et béni, de cette ville que vous avez comblée de bienfaits, souvenez-vous de ce peuple qui, malgré tout, est encore votre peuple. Vous avez encore parmi nous un grand nombre d'âmes qui vous sont restées fidèles et qui, comme moi, mettent en vous toute leur confiance, ne vous lassez pas de nous protéger...

Celui qui tient votre place au milieu de nous va nous donner en votre nom sa bénédiction pastorale. Faites passer dans son bras la puissance du vôtre. Du haut du Ciel, bénissez-nous avec lui, et que cette bénédiction fasse rentrer dans tous les cœurs, avec la Foi de nos pères, l'amour de Jésus crucifié!...

Ainsi soit-il !!!

18